Mein Überlebenskampf

Meine Autobiografie

Kindheit

Ich wurde in Heimenkirch im Allgäu von Sadik Baykal und Nafiye Baykal gebürtig Türkel gezeugt. Am 26.01.1987 an einem Montag, um 7:50 hat mich Nafiye Baykal gebährt und ich habe das Licht der Welt erblickt. Meine Mutter hat mir den Namen Coskun gegeben, mit dem Gedanken, dass es den Namen meines Bruders Deniz, auf Deutsch Meer, ähneln soll. Denn Coskun bedeutet schwall an Überschwänglichkeit von lebhafter Begeisterung. Das hat sie mit dem Schwall von Wellen im Meer verglichen. Mein Vater gab mir den Namen von meinen Onkel Behzat, der kurz bevor ich geboren bin, von Polizisten erschossen wurde, weil er ein links Sozialist war und gegen das damalige konservative System gekämpft hat. Man kann sagen, dass er für seine Politischen Überzeugungen erschossen wurde und als Revolutionär und Märtyrer gestorben ist. Mein Vater gab mir den Namen damit der Name meines Onkels mit mir weiter leben soll.

Meine Kindheit verbrachte ich in Heimenkirch im Allgäu. Wir haben in ein Gastarbeiterheim (Asylantenheim) gewohnt wo türkische, jugoslawische, spanische, französische und eine deutsche Familie unter einem Dach wohnten. Die Deutsche Familie hat im Untergeschoss gewohnt, sie waren gleichzeitig auch die Hausmeister des Gebäudes. Neben unserer Wohnung hat die Familie Bayrakci und Gonzales Gomez gewohnt. Wir Kinder haben uns immer versammelt, auch die Kinder in der Umgebung und haben allmögliche Spiele gespielt die es zu spielen gab. Fußball, Basketball, Völkerball, Baseball, Rugby, Verstecken und Fangen mit Super Soccer (Wasserpistole). Es war eine sehr spielreiche Zeit.

Meine Entwicklung ist bis sechs Jahren normal verlaufen. Bin gesund geboren habe das Laufen und Sprechen mit zwei Jahren gelernt. Bevor ich im Kindergarten war hatte ich eine Freundin, sie hieß Gökcen. Wir waren täglich zusammen, von vier bis sechs Jahren. Haben uns geküsst und Rollenspiele gespielt. Im Fußball Verein hab ich sieben Jahre gespielt. Zweimal in der Woche Training und am Wochenende dann ein Spiel gegen eine Mannschaft im örtlichen Verein. Mein Vater wollte immer dass ich ein Profi Spieler werde. Als ich dann mit Fußball aufhörte platzte der Traum von meinem Vater für mich.

Mit einigen Kindern aus der Nachbarschaft haben wir uns täglich getroffen und haben Minigolf, Matchbox Autos und Murmeln auf der Straße gespielt 2
und haben eine glückliche Freudevolle Kindheit verbracht. Im Sommer Freibad im Winter Schneeball Schlacht und Schneemänner gebaut.

Mit sechs Jahren als ich noch ganz frisch das Fahrradfahren lernte, hab ich mit meinem Drahtesel und Stützrädern aber ohne Helm ein Unfall gebaut.

Ich bin ein Berg runter gerast und bin abgedriftet und Kopfvoraus in eine Steinschlucht geflogen. Ich hatte höllische Schmerzen und habe geweint. Ich war alleine und als ich mir vorstellte wie ich da rein geflogen bin, hab ich das lustig gefunden und habe darüber gelacht.

Beim Lachen verschwanden auf einmal die Schmerzen. Das war für mich ein traumatisches aber gleichzeitig auch ein Schlüsselerlebnis.

Als wir Älter wurden trennten sich unsere Wege, die älteren gingen in Lindenberg in die Hauptschule und hatten andere Interessen, als das sorgenlose spielen.

Ich bin ein 80iger Kind und bin in den 90er Jahren aufgewachsen. Wir sind eine Generation die auf der Straße gespielt hat und eine die Videospiele spielte. Wir haben Songs von Radio auf Kassette aufgenommen und hatten Walkmann. Wir spielten Atari und Game Boy und schauten Power Rangers und Ninja Tutles an. Als Kinder hatten wir keine Handys und Fahrten zu dritt auf Fahrrad, wir hatten die heutigen technologischen Errungenschaften wie Flachbildschirm, Smartphone, Facebook, MP3, IPod nicht, aber wir hatten trotzdem eine gute Zeit.

Als Kind dacht ich das es ewig so weiter gehen wird mit dem sorgenlosen täglichem Spiel, im Bach wandern und rumtollen, Baumhäuser bauen und gelegentlich sich auch mal prügeln.
Ich kann mich daran erinnern als ich Serkan das Rechte und Linke Auge blau geschlagen habe und ich von den anderen als glorreicher Sieger gefeiert wurde. Ich habe mich wie ein Box Champion gefühlt und ich war erst acht. Am nächsten Tag musste ich mich bei ihm entschuldigen. Das war mir peinlich aber ich war froh darüber,

denn so waren wir wieder Freunde. Als Serkan älter wurde hat der Junge sich oft eine Schlägerei geliefert. Er hatte hohes Aggresionspotenzial und hat das auch exzessiv ausgelebt. Aus ohne einem besonderen Grund hat er Leute blutig und Krankenhaus reif zusammen geschlagen. Er hat auch viel Zivilcourage geleistet und hat andere beim Schlägern geholfen. Wie ich mitbekam hat sein Vater ihn, wenn er besoffen war verprügelt, hat es also von seinem Elternhaus so mitbekommen. Er lernte 15 Monate Disziplin in der türkischen Armee. Als er Erwachsen wurde machte er Karriere im Einzelhandel. Da sieht man mal wie sich ein Menschenleben sich um 180 Grad ins positive wenden kann.

Ich bin in einer Gastarbeiter Familie aufgewachsen. Meine Mutter und mein Vater sind in Zile (Landkreis Tokat) in der Türkei geboren. Meine Mutter stammt aus einer neun köpfigen Familie mit ärmlichen Verhältnissen. Und mein Vater aus einer acht Köpfigen Familie. Sie hatten nicht viele Klamotten und mussten das was sie hatten untereinander teilen, ja sie hatten manchmal nicht mal genügend zu essen und mussten Hungerleiden. Die Häuser bestanden aus Holz, Backsteinen und Lehm, was zum Teil heute noch so ist. Meine Opas konnten lesen und schreiben, meine Omas waren Analphabetinen. Väterlicherseits war mein Opa Landwirt und Oma Hausfrau. Mütterlicherseits war meine Oma Hausfrau und mein Opa Bauarbeiter. Sie haben beschlossen meine Mutter nach der Hauptschule mit 17 Jahren, als Gastarbeiterin nach Deutschland zu schicken. Damit sie Geld verdient und die neun Köpfige Familie unterstützen konnte. Nach dem zweiten Weltkrieg hat damals Deutschland Arbeiter in Türkei angeworben. Der Grund warum Mama mit 17 Jahren nach Deutschland kam ist, war die Armut und Arbeitslosigkeit die in Tokat geherrscht hat.

Ihr ist die Bildung durch Armut versagt geblieben. Sie sagte wenn sie die

Chance hätte, wäre sie Lehrerin geworden und mein Vater Baumeister. Ich denke wenn sie die Mittel und Förderung hätten wären sie weitergekommen als Fabrikarbeiter und Küchenkraft. So ist das eben wenn man von einer bildungsfernen Schicht Stammt. Aber die Geschwister von meiner Mutter und von meinem Vater, haben durch ihre Hilfe alle Studiert und zu etwas gebracht. So muss das sein in der Familie die stärksten sorgen um die Kranken und Hilfebedürftigen. Meine Mutter ist auch der Kopf der Familie, durch ihr konstruktives affirmatives (bejahend, bestätigend) Denken und durch ihr unbändigen Wille zu arbeiten, haben wir einen gewissen materiellen Standard erreicht. Natürlich auch durch die Arbeitskraft meines Vaters. Die Denkweise habe ich von meiner Mutter übernommen und meine Mutter von meinem Opa Abidin.

Meine Mutter hatte 27 Jahre und mein Vater 36 Jahre, bis zur Rente in der Produktion gearbeitet. Ich Wertschätze die Körperliche und Geistige Kraft die sie in ihre Arbeit investierten und ausgaben.

Sie waren immer darauf bedacht das sie ihr verdientes Geld in den Haushalt investierten. Uns hat es auch nie an essen, trinken und Klamotten gemangelt. Ich wurde auch nie bestraft oder geschlagen. Sie haben immer Korrekt gearbeitet, sich an die Gesetze gehalten und ihre Steuern gezahlt.

Was mir gefehlt hat war die Führung, Anweisung und Anleitung, Vorschrift, Grenzen und Regeln im Haus und bei der Erziehung. Aber somit lernte ich mich selbst anzuweisen und anzuführen. Als meine Mutter mit einem Koffer in Deutschland ankam hatte sie ein Jahr allein, ohne Freunde, Familie und bekannte in einem Land verbracht dessen Sprache und Kultur sie nicht kannte, mit ihrer Familie hatte sie nur mit Briefen Kontakt ohne Telefon und sonstige Telekommunikation Mittel.

Sie sah in den Spiegel und hat geweint. Aber sie hat nie ihre Arbeit vernachlässigt. Hat sich an ihrer Arbeit, Pflichten und an ihren Glauben festgehalten. Nach dem Jahr hat sie mein Papa nach Deutschland geholt und sie fingen beide in Hochland (Käserei) in der Produktion an zu arbeiten Ehrlich gesagt kann ich mich nicht einmal daran erinnern das meine Mutter oder Vater Krank waren, oder aus einem sonstigen Grund nicht zur Arbeit gegangen sind.

Kam Höchstens dreimal, für ein paar Tage vor. Mein Vater und Mutter haben bis zur ihrer Rente, bis 63 Jahre Steuerpflichtig und Pflichtbewusst gearbeitet. Sie haben für ihre Arbeit Geistige aber noch mehr Körperliche Kraft ausgegeben. Meine Eltern haben ihr ganzes Leben dafür ausgegeben, das wir Kinder es gut haben und es uns an nichts Materielles fehlte. Was ich zu tiefst respektiere und wertschätze. Und dafür bin ich ein Leben lang meinen Eltern und Bundesrepublik Deutschland dankbar, dass sie mir solch ein Leben ermöglichten. Ich führe ein relativ behutsames, Friedvolles, Sicheres und Geborgenes Leben.

Im Jahre 1977 kam dann ihr erstes Kind, mein Bruder Deniz zur Welt. Fünf Jahre später meine Schwester Gaye. Und fünf Jahre darauf kam ich zur Welt. Meine Tante kam dazu, als ich fünf Jahre alt war. Mein Familienverhältnis war als Kind sehr Stressvoll, keine Regeln, Vorschriften dafür täglich rohes Arbeiten. Meine Erziehung hat mehr mit menschlichen Werten, Liebe und Arbeit zu tun gehabt als mit Vernunft, Logik und Intelligenz.
Aber wir haben Familiär auch viel unternommen z. B. Grillen an Bächen und Seen, jedes Jahr Urlaub in Türkei. Ich verbrachte die meiste Zeit allein vor der Glotze, weil meine Eltern Arbeiteten und Geld verdient hatten, damit sie ihre Kernfamilie und ihre eigene Familie unterstützen konnten. Ich versuchte das gesehene im Fernsehen in meine Realität zu Projizieren.

Also bis zehn Jahre habe ich in Heimenkirch gewohnt. Das ist ein Provinznest, von weltlichen, kulturellen geschehen wenig berührte Hinterland. Es ist ein sehr idyllischer Naturreicher Markt. Ich lebte mit meinen zwei Geschwistern, Tante und Eltern unter einem Dach. Mit zehn bin ich von einer Wohnung in Heimenkirch in ein Haus in Lindenberg umgezogen. In der Grundschule war ich zu den anderen Kindern meistens Rücksichtsvoll, Respektvoll, Höflich und Taktvoll. Das sind auch die Werte die ich von meinen Eltern vermittelt bekommen habe.

Ich muss sagen egal wieviel Streitigkeiten in der Familie ausgetragen wurde zu Handgreiflichkeiten kam es nie. Bis auf das eine mal als mein Bruder mir mit voller Wucht eine Schelle gab, weil ich frech war.
Wir lieben uns untereinander keine Frage, aber mein Verhältnis zu meiner Schwester könnte besser sein.

Ehrlich gesagt habe ich wenig bis gar kein Kontakt zu ihr. Wir gratulieren uns halt mal zum Geburtstag und das war es dann auch schon. Zu meiner Mutter habe ich eine gesunde Mutter Sohn Beziehung. Und zu meinem Bruder hab ich auch eine solide Beziehung. Zu meinem Vater war es eher distanziert, über das Thema Wetter, wie geht's, was machst du, kamen wir nicht raus. Das hat sich aber gebessert, wir kommen inzwischen ganz gut miteinander aus.

Die Stärke die uns als Familie auszeichnet ist das Verständnis gegenüber der Lebenssituation und der Zusammenhalt und Unterstützung der Familie. Das Verhältnis in der Grundschule zu meinen Mitschülern war lustig. Wir hatten jeden Tag spaß und liebten das Lachen. Ich habe meine Sozialen Defizite damit ausgeglichen das ich Parallelen zu gleichaltrigen aufsuchte und da anknüpfte, und somit kompensierte. Das habe ich durch

Sport geschafft. Ich war sowohl im Kindergarten als auch in der Grundschule bei Ausflügen dabei und bei allen anderen Sozialen Ereignissen auch, wie Weihnachten, Nikolaus, Ostern und bei Geburtstagen.

Meine Mutter sagte immer dass ich liebenswert bin. Ich finde mich selbst lebensnah. Manchmal fühlte ich mich dennoch wie ein Fremdkörper, einer der nicht in seine Umgebung passt. Aber das ist ganz normal wenn eine Person nicht in sein Heimatland aufwächst, sondern als Ausländer. Als Kind hab ich meistens auf der Straße gespielt. Das hatte sich bis zu zum nächsten Abschnitt meines Lebens beibehalten. Mit zehn zogen wir in ein Sozial Niveau volleren Gegend in ein großes Haus ein. Das war eine riesen große Veränderung für mich. Das hieß für mich neuer größerer Ort, neue Schule neue Klassenkameraden, neue Lehrer, neues Leben. Lindenberg ist die zweitgrößte Stadt im Landkreis

Lindau Bodensee, mit 11000 Einwohnern. Ab der fünften Klasse ging ich dann zur Hauptschule in Lindenberg.

Eigentlich wollte ich ins Gymnasium, hatte meine Lehrerin Frau Göser darauf angesprochen und ihr gesagt dass ich ins Gymnasium will, sie hat mich angeschaut als ob sie ein Geist gesehen hätte. So habe ich statt Gymnasium gerade noch so die vierte Klasse bestanden und bin in die Hauptschule gekommen. Die ersten Tage und Wochen ging ich gar nicht raus, schaute rund um die Uhr Fernsehen und war ein Nesthocker. Ich wollte keine Bindungen eingehen. So hatte ich auch keine Verantwortung gegenüber jemand und das hieß für mich damals Freiheit. Aber jetzt will ich meine Sozialen Defizite aufarbeiten, Bindungen und Beziehungen eingehen und pflegen.

Zurück zu meiner Kindheit. Mein erster Schultag in Lindenberg .Da stand ich nun als 10 Jähriger vor einer riesen Schule mit sehr vielen Schülern, mir bis dahin ein fremder Ort. Ich ging in die Klasse und setzte mich neben Almir der Sitzengeblieben und zwei Jahre älter war als ich, vor mir Fabian und Piano. Der Vorteil für die war, sie kannten sich schon von der Grundschule, ich kannte kein einzigen. Und siehe da kaum bin ich angekommen, hab mich gesetzt, hat mich Fabian gepiesackt in dem er mich so fest gekniffen hat das ich fast angefangen habe zu weinen. Am Anfang war es schwer, aber von Zeit zu Zeit habe ich mich an die andersartigen Situationen gewöhnt und ich schloss Freundschaften, besser gesagt ich suchte Parallelen das war für mich natürlich Sport, mit Sport habe ich immer Anschluss zu

Gemeinschaften gefunden. Meine Lieblingsfächer waren Sport, weil ich mich da körperlich, vor allem bei Fußball, aber auch geistig verausgaben konnte. Kunst, weil ich dort meiner Kreativität freien Lauf lassen und mein eigenes Wissen und Ideen entfalten konnte. Deutsch und Englisch weil mich Sprachen interessieren. Geschichte fand ich auch interessant. Und zu guter letzt Ethik weil ich dort meine eigene Meinung aussprechen und philosophieren konnte. Fächer in denen ich Schlecht war, waren Mathematik und Chemie. Ich bin der Typ der in Sprache denkt, Gefühle Information und Sinn vermittelt. In Zahlen Denken war noch nie mein Ding. In Zahlen denken fällt mir eher schwer, vor allem ein in sich gegliedertes geordnetes ganzes zu lösen z. B. Sachaufgaben. Wenn meine Lebensereignisse es mir ermöglicht hätten, hätte ich Politik, Mathematik als Hauptfach studiert, Kunst und Philosophie als Nebenfach. Und hätte als Politiker gearbeitet.

Politiker war mein Wunschberuf gewesen.

In der fünften und sechsten Klasse gab es eine neue Erscheinung die sich deutscher Hip Hop nannte. Ab da an galt unsere Leidenschaft dem Hip Hop. Von 10 bis 14 Jahren waren wir jeden Tag am Bolzplatz, wir waren meistens 8 bis 14 Personen die dem Ball hinterher jagten. Also bis 14 Jahre war es eine reine Sport Spiel Zeit. Als wir älter wurden haben sich auch unsere Interessen verändert.

Jugendzeit

Da kamen Sex, Frauen Drogen und Hip Hop ins Spiel. Inspiriert von der Musik waren wir nicht mehr auf dem Bolzplatz, sondern waren im Jugendhaus und sind auf der Straße abgehangen. 2001 hab ich das erste Mal gekifft da war ich 14, wir haben alle zusammengelegt und haben uns ein Stück Haschisch für 80 € gekauft und weggeraucht. Ich erinnere mich daran, dass ich an einem Abend draußen war und die Kids gesehen habe die ständig auf der Straße chillten und nach Abenteuer suchten. Ich habe mich denen angeschlossen. Ab da an war ich Mitglied der Straßen Bande. Ich hatte das Fußball spielen im Verein aufgehört und brauchte ein Umfeld. Als ich aufhörte beleidigte mich mein Vater, ab da an ging es nur noch Berg ab mit unserer Beziehung. Er war verbal Paar mal so ausgerastet, dass ich keine Verbindung mehr mit ihm aufbauen konnte.

Auf jeden Fall bin ich mit den Straßen Streunern, deswegen abgehangen, weil sie so aussahen wie ich und ein Immigrationshintergrund hatten, das verbindet natürlich. Die meisten waren Italiener, Türken, Ghanae, Vietnamesen, Jugoslawen und Deutsche. Wir trafen uns immer im Jugendhaus und hingen dort den ganzen Tag ab, haben Musik gehört, Tisch Tennis gespielt, geraucht oder saßen einfach nur da. Diese körperliche Veränderung und Interessen Veränderung kam so plötzlich und unerwartet, das musste ich erstmal auf mich einwirken lassen. Ich dachte das geht ewig so weiter, sorgenloses Sport Spiel. Ich weiß nicht wie es heute ist, aber damals gehörte das Drogen konsumieren zur Lindenberger Jugendhauskultur.

Als sich meine Lebensverhältnisse änderten musste ich lernen mich den andersartigen Lebenssituationen zu fügen. Und es wird sich noch viel ändern und ich hoffe zum positiven. Ich will und muss mein Leben in eine geregelte Laufbahn schleudern. Zurück zu meiner Jugend. Ab dem 13. Lebensjahr haben wir in der Gruppe erst das Rauchen, Alkohol trinken und später dann auch das Kiffen angefangen, das war dann auch die Einstiegsdroge zu härteren Drogen wie Kokain, Speed (Amphetamin) und Ecstasy. Aber Halluzinogene hab ich nie genommen, sowas wie Pilze, LSD oder Heroin hab ich nie eingeschmissen. Also nicht das ich wüsste. Da habe ich zu große Respekt gehabt um darauf hängen zu bleiben.

Ich kannte einen der mit 13 Jahren Gas geschnüffelt hat und alle möglichen Drogen zu sich genommen hat die es gibt. Der war echt extrem was das Drogen konsumieren anging. Und der Junge hatte immer was dabei gehabt, auch wenn es „nur" Gras war. Später hab ich erfahren dass er an Lymphknoten Krebs erkrankt ist. Naja, die Drogen hinterlassen halt ihre Spuren sei es körperlich aber auch psychisch. Ein anderer bekannter hatte sich mal drei LSD Tickets gegeben und ist auf einen Horrortrip gekommen der in Richtung Religion ging. Er halluzinierte und sah den Teufel, wollte sogar jemanden umbringen, ist aber dann irgendwann in der Früh runter gekommen. Er ging nach Hause zu seiner Familie, nahm sein Baby in den Arm, und das Baby sagte na Papa hast du immer noch die drei Buddhas (LSD Tickets) drin. Natürlich hat er das auch halluziniert. Aber das war ein einschneidendes Erlebnis was sich tief in seine Psyche gefressen und bis heute sein Leben geprägt hat.

Ich habe das von 13 – 17 Jahren mitgemacht. Ich brauchte halt im Leben und den hab ich in Hip Hop, Skaten und Breakdance gefunden. Geskatet hab ich von 14 – 16 Jahre. Täglich am Skateplatz mit 7 bis 8 Kids unter anderem mit Piano, Fabian, Mike, Michael, Dominik, Uwe, wir flippten die Boards und Slideten und machten alle mögliche Tricks. Ich hatte es bis zu einem bestimmten Level geschafft dann entwickelte ich mich beim Skaten nicht mehr und habe aufgehört.

Breakdance habe ich von 16 – 18 Jahren gemacht. Ich war regelrecht infiziert von dieser Droge die sich Breakdance nannte. Ich liebte diese Extremität Freiheit des Lebens während ich meine Styles tanzte. Ich war richtig gut darin hab auch Herzliebe reingesteckt und wollte unbedingt diesen Lebensweg gehen. Mein Trainier Mike „Funky Mike" Saretzky war fasziniert von mein Tanzstil. Bis mir bewusst wurde das dieser Lebensweg für mich verwehrt bleiben wird, weil meine Sehnen am Handgelenk auseinander gehen und ich eine Handgelenkbehinderung, Handgelenkschwäche habe. Und im Breakdance sind die Hände unabdingbar um sein eigenes Körpergewicht zu verheben.

Diese Sportarten habe ich mit meinen damaligen Schulkameraden gemacht. Das waren meine Hobbys in der Jugendzeit und mit Drogen experimentieren. Durch diese Extremsportarten konnte ich die extremen Lebenssituationen in mein Leben kompensieren. Andere Jugendliche hatten Hobbys wie Pfadfinderei oder Tennis und Schwimmen im Verein. Inspiriert durch Songs waren unsere Hobbys Drogen konsumieren, verkaufen, auf der Straße abhängen und Scheise bauen. Wir wollten halt unsere Vorbilder nacheifern. Das war Scarface, Goodfellas, Michael Corleone und wie die ganzen Gangster in Hollywood Filmen so hießen. Schnell und auf der

Überhol spur lebend, wollten wir Dicke Autos fahren, schöne Frauen ficken, schnelles Geld machen und aus unserem Leben eine einzige Party machen.

Ich hing eine Zeitlang mit Fabian ab, seine Mutter Gaby hat Kontagan. Das ist eigentlich ein Medikament das bei Schwangeren die Schmerzen linderte. Aber der ungewusste Effekt war das die Kinder körperlich Behindert zur Welt kamen. Mit Fabian hab ich auch so mein Spass mit Kiffen und anderen Drogen gehabt.
Das Ding ist das die ersten male beim Kiffen, die Wahrnehmung einfach sehr intensiv ist und man einfach über jeden Blödsinn exzessiv lachen kann. Aber durch Routine nimmt das ab, und man wird einfach nur noch so zum Stubenhocker, der entweder den ganzen Tag zockt oder Musik hört.
Viele haben auch Partys geschmissen, wo die Drogen wie Lebensmittel verzehrt werden und man sich miteinander unterhält (Labberflash)

und Gefühlsausbrüche durch die Drogen bekommt.

Ich habe Bewusstseinserweiternde Erfahrungen mit Drogen gemacht, aber auch negativ prägende. Das Problem dabei ist der Kontrollverlust über sein eigenes Leben (Pflichten, Beziehungen, Verantwortung). Ich habe von ein Tag auf den anderen mit Drogen konsumieren aufgehört und mein Bindungen zu meinen damaligen Umfeld gekappt. Das war hart denn ich war eine Zeit lang sehr einsam und allein in der Jugendzeit. Aber ich hab mir ein neues Umfeld aufgebaut. Ich war halt ein neugieriger, interessierter nach Abenteuer suchender Jugendlicher. Das mit den Drogen hab ich als Experiment aufgefasst.

Giovanni ist einer meiner besten Freunde, Kampf-und Kriegsgefährte. Mit ihm habe ich das Schweigen abgeglichen und die Anführung ausgeglichen. Wir gleichen uns gegenseitig ab und gleichen uns gegenseitig aus. Mit ihm habe ich auf

Hilfe Basis eine Freund-und Feindschaftsbeziehung. Er ist für mich ein Genie des Guten und eine ultimative Intelligenz des Guten.

Ich war ein Jahr mit Italienern zusammen. Wie ich mitbekommen habe, war der Vater von einem in der Sizilianischen Mafia. Mir war das egal, ich war nur auf der Suche nach Abenteuer von Filmen und Musik inspiriert wollte ich das auch in meiner Realität.

Ich war ein Rebell der den Respekt von anderen Männern forderte, um mich selbst als Mann gefestigt zu fühlen und als Erwachsener zu gelten. Wir haben unsere Männlichkeit untereinander so bewiesen, dass wir die dicksten Joints rauchten, die längsten Koks Linien zogen, aber auch in Sport Richtungen wie Breakdance und Skaten dominierten. Meine Vorbilder in Deutschland waren unter anderem Azad, Savas, Eko, Bushido und Samy Deluxe. Das waren meine Superhelden, Idole auf die ich aufgeblickt habe.

Alles Reim und Rap Künstler. Das waren die Männer mit denen ich mich identifiziert habe. Vor allem mit Azad. Der war und ist bis jetzt mein Superheld, ich fühle mich menschlich sehr verbunden mit ihm. Nicht zu verdenken, eben ein aus Türkei stammender Junge der in Deutschland geboren ist und seine Identität sucht und in Musikern, Rappern und Hip Hop findet. Ich wollte den Hip Hop lifestyle leben, mit viel Geld, Frauen und Musik produzieren. Meine Leidenschaft gilt eben der Lyrik. Ich führe ein Tagelyrikbuch, Tagebuch und schreibe auch Gedichte. Das hilft mir innerlich zu wachsen und zu Entwickeln und eine Ordnung in meine Innere Gedankenwelt zu bringen. Hier eine kleine Kostprobe meiner Kunst.

Liebesbrief

Dein Pech wird sich zu Ende NEIGEN.
Dein Leben wir Bergauf gehen wie Aktien die STEIGEN.

Wenn ich an dich denke erscheint bei mir innerlich die SONNE. Bin Vergnügt in Glückseligkeit und voller WONNE.

Habe so oft an dich GEDACHT.
Du hast mich immer zum Lachen GEBRACHT.
Wenn ich könnte würde ich die Zeit zurück DREHEN.
Wenn ich könnte würde ich dich jeden früh in mein Bett neben mir SEHEN.

Dein Körper ist der Tempel deines GEISTES.
Die Gedanken sind frei HEIßt ES.
Doch die Gedankenfreiheit hört da auf wo sie bei einem anderen BEGINNT.
Das ist eine Wahrheit die aufjedenfall STIMMT.

Die Tinte der leidenschaftlichen Liebe benütz ich zum SCHREIBEN.
Ich liebe dich, werde ich in die Welt hinaus SCHREIEN.
Pures Glück durchströmt mich wenn ich an dich DENKE

In meinem Leben wünsch ich mir nur noch dich und verzichte auf jegliche andere GESCHENKE.

Mein Kleidungsstil waren Baggys, XXL Shirts und Kappie verkehrt rum aufgesetzt. Dementsprechend wurden wir dann von der Gesellschaft diffamiert (im Wert herabgesetzt), stigmatisiert (negativ gekennzeichnet) und ausgegrenzt. Sehr geprägt von dem West-und Ostküsten Sound, haben wir dieses Lebensgefühl gelebt. Das wichtigste für uns war so cool wie nur möglich zu sein, einfach einen coolen Lebensstil zu haben. Das hieß Ruhe bewahren, angstlos, nervös los, lässig, besonnen, ruhig, wohldurchdacht und gelassen sein. Das hat bis heute angehalten. Viele meiner damaligen Freunde sind in Knast gelandet, die einen wegen Schlägerei, die andere wegen Drogen dealen, und ein bekannter ist in Knast gewandert weil er Geld gefälscht hat. Wenn ich mir so überlege, war ich in meiner Jugendzeit fast nur mit Kriminellen unterwegs. Es ist ein

Wunder (fesselnde Wirkung die begeistert), das ich selber kein Vorstrafenregister habe.
Mein polizeiliches Führungszeugnis, besteht nur aus meinen Daten. Roman (Osman) der wegen Dealerei in Knast kam, hat Andi, sein damaliger Freund ihn bei der Polizei verraten, damit er selbst verschont bleibt. Viele sind auch süchtig geworden nach Heroin und kamen nie davon los. Wegen Regelrechter Drogenexzesse sind auch einige erkrankt, darunter ich.

Mit 16 Jahren habe ich mich das erste und letzte Mal verliebt. Sie heißt Nicol. Ich und Robby waren bei Pinon, (ihr damaliger Freund).
Wir saßen im Wohnzimmer, hab sie gesehen, ohne ein Wort gewechselt zu haben, habe ich mich in ihren Blödheitswert verliebt (Würdeidentifikation). Ich liebe ihren Blöd Ansatz. Es war ein krasses Erlebnis. Verlieben ist so, wie wenn man positiv auf einer Droge drauf ist. Glück ist die Auswirkung von Liebe. Wir sind ausgegangen, waren Freibad,

Kino, ich war bei ihr, sie war bei mir. Wir haben uns geliebt, ich habe sie leidenschaftlich begehrt. Es war eine regelrechte Liebesromanze, Liebesabenteuer. Eine ultimative Liebesgeschichte. Mit ihr habe ich eine (leidenschaftliche) Liebesbeziehung. Ach ja wir waren bei Pinon, um Gras zu verkaufen.

Jeder braucht Beziehungen wie Luft zum Atmen, um auch zu leben zu überleben und im Leben weiter zu kommen. Seine Sozialen Fertigkeiten und Talente zu erkennen und auszubauen ist wohl eins der wichtigsten Dinge im Leben und für die Arbeit und um Glücklich zu sein. Auch die Verbindung zu sich selbst ist enorm wichtig, auch für das Selbstwertgefühl. Durch die Drogen habe ich die Kontrolle verloren und leider auch mein letztes bisschen Verstand. Durch mein labiles Familienverhältnis, mein Freundeskreis, die Pflichten Plus die Drogen brachte mein Mentales Haus dazu einzukrachen. Das war der Punkt an dem ich sagte ich brauch Abstand von allem.

Nach den zwei Jahren in der Wirtschaftsschule, hab ich beschlossen nach Kiel zu ziehen, zu der Familie Atasoy. In der Hoffnung das ich mich dort aufbauen kann. Und das mir schulisch und sozial geholfen wird, zum Teil war es auch so. Es kam wie es kommen musste. Da ich wenig von Beziehungen aufbauen und aufrechterhalten wusste, war das ein schlimmes Jahr das ich hatte. Mir ist durchaus Bewusst dass ich Kontakte knüpfen, Verbindungen eingehen und herstellen kann, aber halt auf meine Art und Weise. Der Grund warum ich Beziehungsscheu war, ist der das ich nie die Gemeinschaft gefunden habe die mich so akzeptierte wie ich bin und mich aufblühen lässt mit dem was ich im innersten anzubieten habe und nicht versucht was aus mir zu machen was ich nicht bin und auch nie sein werde.

Zurück zu meiner Lebensgeschichte.
Mein Jahr in Kiel. Positives ist zu
sagen das es an der Ostsee liegt eine
Universität Stadt ist und es jede
Menge schöne Frauen und
Einkaufspassagen gibt. In Kiel habe
ich auch das erste mal Sex gehabt mit
21. Da bin ich allein in Bordell und
habe eine polnische Nute namens
Maria gefickt. Davor hatte ich nur
Oralverkehr und Knutscherei. Ich hatte
paar Gelegenheiten mit Mädchen Sex
zu haben als ich 16 Jahre alt war, aber
ich habe sie verbockt. Ich habe offene
weltliche jugendliche im Jugendhaus
kennengelernt. Ich muss sagen dass
es ein sehr soziales Jugendhaus mit
sozialen Jugendlichen und Sozialer
Aufsicht war. Im Gegensatz zu
Lindenberg wo die Aufsicht ein
Satanist war der sich immer Schwarz
gekleidet hat und mir feindlich gesinnt
war.

Nach langem Suchen einer
geeigneten Schule, wurde ich in die
Handelsschule Kiel eingeschult. Ich
hatte damals die Hoffnung, dass alles

besser werden würde, aber wie sich herausstellen sollte wurde ich vom ersten Tag an enttäuscht. Ich bin in eine Klasse geraten die zu 90 % aus Waisenkindern und Unterschicht bestand. Assozial und Dissozial bis aufs Blut. Die Stimmung in der Klasse war voller Blockaden, Barrieren, wie das eine schwarze Wolke über dem Klassen Zimmer war. Na dann viel Spaß Coskun halte das zwölf Monate, ein ganzes Jahr lang durch. Die Lehrer haben mich täglich Schikaniert und die Schüler jeden Tag gemobbt. Aber einen fand ich cool, Rubin Fischer. Der Typ ist für mich ein Überlebensgenie. Ich mochte ihn. Ich hab die Handelsschule mit einem Abgangszeugnis beendet. So viel zur Handelsschule.

Das Verhältnis zu meiner Tante war mit einem Wort, Fatal. Meine Tante hat mich für alles Schlechte auf dieser Welt verantwortlich gemacht und mir die Schuld gegeben für alles schlechte was passiert. Sie hat mich als Sündenbock genommen, für alles schlechte was passierte. Sie sagt von sich selbst das sie zerreißerisch ist. Da konnte ein Glas an einer falschen Stelle stehen, und schon musste ich mir ihr Gebrüll anhören. Die Frau war echt unerträglich gewesen. Zu meinem Cousin war es eine Kühle, distanzierte Beziehung mit wenigen Gesprächen.

Ich vertrat die Ansicht, erwarte nichts von anderen, so kannst du nicht enttäuscht werden. Der Sprung vom Jugendlichen zum Erwachsenen Mann (voll Geschäfts und Straffähig), fiel mir sehr schwer.
Heute hab ich gelernt das jeder Junge sein eigenen Weg findet ein Mann zu werden. Ich höre heute mehr auf meine Intuition und verlass mich auf meinen Instinkt. Anstatt alles mit rational logischen Denken zu begründen und zu lösen. Nach dem Jahr bin ich wieder runter in den Süden. Ich hatte auch viele schöne Tage erlebt, mit Freunden die Schule geschwänzt am Strand gechillt,

gegrillt, Bierchen getrunken, im Einkaufszentrum abgehangen.

Meine Schönen Tage in meiner Jugendzeit waren die, als ich Intensiv geskatet und gebreaked habe, und ich aus tiefstem Herzen gelacht habe wenn was Lustiges passiert ist. Was auf jeden Fall Fakt ist, das man als Kind und Jugendlicher mehr und intensiver lacht wie als wenn man Erwachsen ist. Was auch schön war, war die Zeit mit meiner damaligen Freund Tuan, mit dem ich auf Konzerten und Festivals war. Oder mit Anton mit dem auf viele Breakdance Konteste war unter anderem zweimal auf Battle of the year.

Meine Jugendzeit ist rasant, brisant und extrem verlaufen mit Drogen, Zigaretten und Alkohol Exzessen. Aber es grenzt an ein Wunder das ich diese Zeit überlebt habe.

Einmal war Sylvester und ich habe eine Tischlänge Kokain gezogen, die eine Hälfte mit dem linken Nasenloch, die andere Hälfte mit dem Rechten Nasenloch. Ich habe ungefähr ein

Gramm Koks in der Nacht gezogen und geraucht und ich war damals 17. Wir waren damals im Haus von einem russischen Freund. Wir haben an dem Abend die ganze Nacht gefeiert und Drogen konsumiert. Marihuana von Bong geraucht, Speed und Kokain gezogen und Kokaretten geraucht. Und draußen natürlich die überharten Gangster rausgelassen die alles unter Kontrolle hatten. Das Gegenteil traf zu ich hatte komplett die Kontrolle über mich selbst und mein Leben verloren. Natürlich von Filmen und Musik beeinflusst, wollte ich das in meiner Wirklichkeit genauso ausleben. Ich bin nicht stolz darauf, aber ich habe es gemacht und es gehört zu meiner Lebensgeschichte dazu.

Quang der jetzt zu den Hells Angels gehört, bewundere ich.
Ich bewundere seine Artigkeit. Er ist für mich ein Artigkeitsgenie und eine ultimative Intelligenz der Artigkeit. Der ist für mich der König von Lindenberg mit der Krone. Er ist meine Machtgrenze. Ich hatte nicht viel

Kontakt zu ihm aber ich sehe ihn als mein Schweigheitsmeister. Er ist ein Freund von mir. Wir haben unsere Schweigheit abgeglichen. Ich und er haben eine Sicherheitbeziehung. Wir ergänzen uns füreinander. Ich eifere ihm nach.

Erwachsenenzeit

Wir schreiben das Jahr 2006, ich war 19 Jahre, war wieder zuhause bei meinen Eltern. Das einzige was ich hatte war der Qualifizierte Hauptschulabschluss. Damals wollte ich eine Ausbildung als Einzelhandelskaufmann machen. Aber da ich mich komisch verhielt und keiner Zugang zu mir fand, ich Selbstgespräche führte, alleine vor mich hin lachte, ständig im Zimmer war, nicht raus gegangen bin, mich abgekapselt habe von allem, hat meine Schwester ein Diplom Sozialpädagogen um Rat gefragt. Mein Psychiater hat zur gleichen Zeit Paranoide Schizophrenie diagnostiziert. Die Psychose hat sich bei mir so ausgewirkt das ich Zeichen sah sie interpretierte auf mich selbst bezog und mir eine Gedankliche Realität zusammen puzzelte die nicht existiert. Ich hatte psychotische Überzeugungen und Glauben und habe auch danach gehandelt. Aber ehrlich gesagt hatte ich nie solche Symptome wie Stimmen hören, fühlen und sehen was nicht existiert. Ich kannte diese Krankheit nicht, körperlich ging es mir ja gut. Unter dieser Krankheit hab ich mir verrückte vorgestellt die in Zwangsjacken in Gummi Zellen hüpfen.

Zu dieser Zeit wurde Klaus mein Gesetzlicher Betreuer. Ein absolutes tief in meine Leben, was mich noch lange begleitet hatte. Meine Familie hat es für notwendig gehalten das ich ein gesetzlichen Betreuer bekomm, jemand der mich in seine Obhut nimmt und mir Fürsorge und Hilfe leistet. Weil ich mein Leben nicht selbst auf die Reihe bekommen hatte. Ich habe mich so hintergangen und verraten gefühlt. Dass gerade meine Familie mich als verrückt abstempelt und mir einen Gesetzlichen Betreuer aufhetzt, hat mich zutiefst schockiert, das war gegen mein Charakter. Ich meine der Typ hatte geschlagene sieben Jahre über mich entscheiden können. Wenn er triftige Gründe hatte, konnte er mich in die Psychiatrie einweisen, wenn es sein muss auch mit der Polizei. Was er auch zweimal gemacht hat.

Mein Sprung vom Jugendlichen zum Erwachsenen, hat mit einer fatalen Katastrophe angefangen. Am Anfang wollte ich es nicht einsehen dass ich psychotisch bin und Medikamente brauche. Damit die Psychose weg geht. Ich mein, Hallo, ich war bis dahin ein körperlich Kerngesunder Mensch und jetzt soll ich eine geistig-seelische Behinderung haben, die wenn ich Pech habe, ein Leben lang andauern wird und unheilbar ist. Das war für mich ein schlechter Scherz. Aber wie ernst die Sache wirklich war, sollte ich im Nachhinein erfahren. Ich war also psychotisch, Krankheitseinsicht Null.

Ich kann mich erinnern als ich den Psychiater aus unserem Haus raus schmiss und beleidigte, weil ich es selbst als Beleidigung aufgefasst habe, das ich als Verrückter abgestempelt werde und mich auch dementsprechend behandelt wurde. Also kam Klaus zu uns der hatte es sachlich versucht und als das nicht klappte, kam er am nächsten Tag mit Krankenwagen und Polizei. Ich dachte ich war im falschen Film. Wo bin ich den nur hier reingeraten. Kann mich mal bitte jemand aus dem Albtraum aufwecken. Da musste ich mich ergeben, die Polizei hatte mich so grob angefasst das sie mir fast den Arm gebrochen hatten. Als sie mich ins Krankenwagen gebracht haben. Ich war am Boden zerstört, für mich war das eine Ausweglose Situation der ich nicht entkommen konnte.

Es war eine Tat der Verzweiflung von meiner Familie, weil ich mein Leben nicht selber auf die Reihe bekommen habe und die Kontrolle über mich

verloren habe. Die absolute
Ablehnung von Beziehungen haben
mich dazu gebracht
zwischenmenschliche Bindungen zu
kappen und die Drogen hatten das
verstärkt. Ich endete als verlorene
Seele.
Der Lebensabschnitt vom
Jugendlichen zum Erwachsenen fing
für mich mit einem Desaster an.

Ich habe meiner Mutter und Vater
jeweils einen Brief geschrieben, in
dem ich mein Hass gegenüber ihnen
Ausdruck verlieh. Als ich diesen Brief
dann vorgetragen habe, waren sie
natürlich tief enttäuscht. Ich habe
ihnen erklärt warum ich diese Briefe
geschrieben habe. Das habe ich getan
um diese negativen Emotionen,
Gedanken und Gefühle die ich
gegenüber meinen Eltern hatte ein für
alle Mal los zu werden und zu
verarbeiten. Und es hat geklappt ich
habe seitdem eine positive Haltung
gegenüber meinen Eltern und die
Komplexe sind weg. Sie haben
verstanden warum ich den Brief

geschrieben habe und wir haben Frieden geschlossen. Ich habe dieses Jahr (2016), ihnen zu Geburtstag eine Ehrenurkunde geschrieben. Hab mich für 29 Jahre Elternschaft für ihre Barmherzigkeit und Großzügigkeit bedankt.

Mein erster Tag im Bezirkskrankenhaus. Es war ungewohnt mich mit Leuten zu umgeben, die psychisch geistig gestört waren. Und zu den sollte ich auch gehören. Oh Mann wie kommst du da nur wieder raus. Der Sturm der mein Leben durchquerte, hatte angefangen, ich habe nur nicht gedacht dass er so lang anhalten würde. Ich kann mich erinnern als einer sagte, er könne bestimmen wär in die Hölle und wer ins Paradies kommt. Und mit dieser Person sollte ich im Zimmer schlafen. Ich fürchtete um mein Leben. Der Typ war unzurechnungsfähig, das war ich auch, habe das aber nicht nach außen getragen.

Seit den letzten zehn Jahren bin ich bemüht mich zu heilen, gesund zu werden zu funktionieren und mich in die Gesellschaft einzugliedern und zu integrieren. Ich habe dafür Sachbücher gelesen z. B. Neustart im Kopf, Denke nach und werde Reich, Die Macht des Unterbewusstseins, Quantenheilung und etliche Bücher mehr. Ich war sogar bei einer Energiearbeiterin die Michaela Popp heißt, damit sie meine Seelischen Barrieren aufhebt. Dafür hab ich für eine Stunde 130 € gezahlt, das war in Regensburg, fünf Stunden mit dem Zug entfernt. Sie gab mir die Information dass ich auf vielen Bereichen Kommunizieren kann und dass ich zu tiefst Hochachtungsvoll und Ehrfürchtig bin. Das ich mit meiner Licht Seite meine Schatten Seite bekämpfe.

War bei einer glaubwürdigen Wahrsagerin Namens Cara, die meine Hände gelesen hat und mir sagte dass ich Energie entwickeln kann. Wo man denkt wow kommt das denn jetzt her.

Ich treibe Sport nimm keine Drogen und trinke kein Alkohol. Ich habe eine medizinische und berufliche Reha gemacht. Dennoch hab ich es nicht geschafft ein „normales" Leben zu führen. Ich habe nach den Ursachen für mein bisher versagtes Lebenslauf geforscht. Habe aber kein Grund gefunden, bis auf das ich mal als Kind mit Fahrrad Kopfvoraus in eine Steinschlucht geflogen bin. Ich kann mich daran erinnern das ich nach dem Sturz fasziniert war von Autokennzeichen und alle gelesen habe die auf den 50 Auto Parkplatz standen. Es war ein regelrechter zwang die Kennzeichen zu lesen. Heutzutage ist es nicht mehr so extrem. Vielleicht ist der Sturz der Grund dafür dass ich in all meinen Lebensbereichen versagt habe. Sei es die Wirtschaftsschule, Handelsschule, meine Lehre, meine vielen Arbeitsstellen, selbst beim Führerschein hab ich versagt. Im Internet steht das es Leute gibt die nach einem Unfall oder schon bei der Geburt ihre Gehirne autistische oder savantistische Züge bilden und aktivieren und sie in allen Lebensbereichen versagen, bis auf ein Teilbereich wo sie außergewöhnliche Fähigkeiten aufweisen, eine Inselbegabung. In mitten von defekten eine herausragende Fähigkeit besitzen. Da gibt es die Mathematischen, Gedächtnis aber auch Sprach Talente. Mein können liegt in der Kommunikation, Sprache, in Lyrik verfassen bin ich auch gut. Ich kann sehr gut Gefühl, Information, Sinn und Logik verbinden und es vermitteln. Stimmungen und das Leben an sich beschreiben. Vielleicht ist das bei mir genau der Fall, vielleicht hat mein Gehirn nach dem Unfall autistische, savantistische Züge, Syndrom gebildet. Oder es ist eine neue Syndrom Kategorie, ich nenne es mal Superheld Syndrom (Neuzeit Syndrom). Manchmal habe ich das Gefühl, das ich Gedanke senden und empfangen kann, die „Normale" Menschen nicht empfangen, und der Gedanke bei mir

ankommt, die bei „Normalen"
Menschen nicht ankommen.

Eine außergewöhnliche
Kommunikation Fähigkeit. So wie in
den Marvel Zeichentrick Serien, wo
Leute Unfälle bauen und plötzlich
Superkraft bekommen, oder eben eine
bestimmte Fähigkeit. Da wär z.b.
Peter Parker der von einer Spinne
gebissen wurde, Bruce Banner der zu
Hulk wird, Matt Murdock der erblindete
und zu Daredevil wurde. Mein
Superheld Name den ich mir gegeben
habe, ist Begeistero. Und die
Information von der Energie Arbeiterin
Michaela Popp, das ich mit höheren
Ebenen kommunizieren kann, und von
der Wahrsagerin Cara das ich
Energien entwickeln kann verstärkt
meine Theorie. Naja es ist halt eine
Theorie von mir. Auf jeden Fall sucht
man immer nach Gründen und
Ursachen wenn einem was Schlimmes
passiert.

Mir kann kein Vorwurf gemacht
werden dass ich nicht alles gegeben

und gemacht habe um mich im ersten Arbeitsmarkt zu integrieren.

Ich weiß dass ich in der Zeit von 19 – 24 Jahren in Hochland, Bergland, Bayernland als Zeitarbeiter gearbeitet habe. Das waren alles Käsereien. Im Aldi habe ich ein Einstiegsqualifikationsjahr kurz EQJ gemacht habe, da habe ich 90 € verdient und habe 8 std am Tag und 5 Tage die Woche gearbeitet. Das ging ein Monat. Ich musste Kündigen, weil ich Joghurt geklaut habe, weil ich in der Arbeitszeit hungrig und Appetit hatte. In Tedi, Netto hab ich als Aushilfe gearbeitet. Ich war mindestens Sieben mal in der Tagesklinik und Vier mal im BKH, in den Sieben Jahren in den ich den Betreuer hatte.

Mit 21 hab ich dann Hai getroffen in einer Feier in Heimenkirch, wir haben eine außergewöhnliche Freundschaftsbeziehung die bis heute anhaltet. Ich hatte ihn davor gekannt und wir hatten uns paar Mal gesehen. Aber der eine Abend hat uns dann so richtig verbunden und zusammengeschweißt. Wir kamen ins Gespräch und konnten direkt eine Verbindung aufbauen. Mit ihm kann ich lachen und über alle möglichen Themen reden. Er war mir von Anfang an sympathisch. Er ist interessiert aufgeschlossen und hat einen tollen Humor. Mit ihm hab ich in den letzten 9 Jahren so viel erlebt, z. B. Disco, Geburtstagsfeier, Hauspartys, Grillen, Fitness und Freudenhaus. Er ist auf jeden Fall, ein immer wieder willkommener Gast meiner Familie.

Geschichten

Einmal waren wir in Frankfurt auf der Kaiserstraße. Das ist ein viertel von Frankfurt wo es soweit das Auge reicht nur Cafes, Striplokale und Freudenhäuser gibt. Ich war bei einer Iranischen Nutte. Das war lustig, denn bevor wir mit dem Sex angefangen haben, hatte sie ein Anruf von ihrer Familie bekommen, sie hat gesagt das es ihre Mutter war und das sie bei der Arbeit ist und jetzt dann Schluss machen muss. Ich hatte sie gefragt, ob ihre Mutter weiß dass sie als Nutte arbeitet, sie verneinte das. Ganz schön bizarres Erlebnis. Ich, Anton, Bilel und Hasan gingen durch die Straßen und kaum haben wir uns versehen, war Hasan auf einmal verschwunden. Er ist Heroin abhängig, wir haben uns schon gedacht wo er sich rumtreibt. Nach langem Suchen, trafen wir ihn dann. Er war mal wieder auf der Suche nach Stoff. Hat aber zum Glück nichts gefunden. Wir sahen Junkies, Alkoholiker, Penner, auf der Straße. Eine hatte ihr Dope Stück verloren. Sie hat das gesucht als ob sie Gold verloren hätte. So wertvoll, war das für sie.

Eines Abends war ich in Lindenberg unterwegs, da kam Hasan vorbei gefahren. Er fragte ob ich mit nach Zürich will. Er wollte sich mal wieder Stoff besorgen. Ich war damals immer auf der Suche nach Aktion, so kam ich mit. Bilel war auch dabei. Er hat bei der Fahrt ganze Zeit versucht sein

Dealer zu erreichen. Er ging nicht an das Telefon.

So sind wir in Zürich angekommen und Hasan war schon die ganze Zeit am Grübbeln wie er seinen Stoff bekommen soll. Also gingen wir in den Park. Da war so'n Schwarz Afrikaner. Der meinte er könne was auftreiben. Er brauche aber zuerst das Geld. Also gab Hasan ihm 130€. Sie gingen in eine Dunkle Ecke. Hasan kam zurück mit einem Plastikbeutel. Wir checkten die Ware, machten den Beutel auf und siehe da ein verrotztes Taschentuch. Er bekam für 130€ ein verrotztes Taschentuch. Wir jagten den Dealer, aber der war schon über alle Berge.

Als wir mal in St. Gallen in der Schweiz waren. Sind wir auf so zwei Schweizer gestoßen. Die waren mit Rucksäcken unterwegs, die hatten echt von A – Z alle Drogen dabei die es gibt. Da war mal Hasan „Erfolgreich" und bekam sein Stoff.

Die nächste Geschichte spielte sich im FKK Safari Saunaclub in Neu Ulm ab.

Anton musste zum Einsatz nach Afghanistan. Also haben wir seinen Abschied gefeiert. Wir gingen in's Safari Club. Wir zahlten 20€ Eintritt und für jedes Popen nochmal 50 Euro. Ich hatte 100 Euro mit. Also zahlte ich den Eintritt und popte eine zierliche Nutte mit dicken Brüsten und sportlichen Körper. Mein Geld war alle, also wartete ich bis Bilel und Anton ihr Geld verschleuderten. Ich war im Porno Kino und schaute mir heftige Pornos an wo es richtig zur Sache ging. Da kam auch schon eine rumänische Nutte und fing an mich zu verwöhnen. Wie in Trance hab ich das zugelassen, als sie Blowjobte, war es dann auch schon soweit das sie ins Zimmer wollte. Ich hab ihr verklickert das ich kein Geld mehr habe. Da ging auch schon die Aktion los. Sie ging zur Rezeption und sagte dass ich kein Geld mehr habe. Also kamen die Securietis und baten mich zu bezahlen, da sie ihr Service schon im Kino angefangen hatte. Ich total nervös, zückte meine Bank Karte und versuchte zu zahlen. Leider hatte ich kein Geld mehr auf mein Konto. So da stand ich nun mit einer Clique voller Rumänischer Nutten die Sauer waren. Mir fiel die Idee ein das mir einer von den beiden was borgen könnte. Mit Bilel hatte ich schlechte Karten, der hatte selbst kein Geld mehr. Da blieb nur noch Anton der hatte zwar kein Bargeld aber auf der Bank hatte er Kohlen. Und so bezahlte er. Puuhh nochmal Glück gehabt. Ich ging mit der Nutte ins Zimmer und hatte zum zweiten Mal mein Spaß. Wir waren insgesamt 8 Std da drin. Wir waren Sauna, Jakuzzi und haben Automaten gezockt. Haben ordentlich Antons Abschluss Party gefeiert.

Am Sylvester 2014, war ich mit Nico in Paris. Am Tag haben wir Paris besichtigt. An sich eine schöne romantische Stadt, der Eifelturm, prächtige Bauten, Einkaufspassagen, ein riesen Markt.
Im O'Sullivan, einer Diskothek haben wir Sylvester gefeiert Wir haben Alkohol getrunken, getanzt gefeiert alles war in Ordnung. Ich sagte ihm

das wir uns um 00:00 Uhr am Ausgang treffen. Ich habe eine Stunde auf ihn gewartet, er kam nicht. Er hatte mir geschrieben dass er schon am Treffpunkt sei. Da war ich enttäuscht, so eine unzuverlässige Person, bin mit einer Enttäuschung und allein in das Jahr 2015 gerutscht. Es kann nur noch besser werden dachte ich. Als ich ihn am Treffpunkt getroffen habe, sagte ich ganz sarkastisch, dass ich es gut gefunden habe dass er auf mich vor der Disco gewartet hat, und dass er doch ein zuverlässiger Typ ist. Hab meine Wut somit sachlich rausgelassen, und auf die Aktion geschissen. Wir hatten noch Zeit bis wir mit dem Reise Bus abfuhren, also gingen wir noch in ein nobles Fisch Restaurant. Ich habe ein 39 € Fisch mit Kartoffelbrei gegessen. Teuer aber Lecker. Nico so besoffen wie der war hat gar nichts
mehr gecheckt und hat ein Hummer für 100 € verdrückt. Als wir aßen war er wie in Trance, er antwortete nicht auf meine Fragen. Ok, dachte ich mir, egal muss er wissen, wie viel Geld er

ausgeben möchte. Als wir fertig waren mit dem Essen. Ging er auf's Klo. Als er rauskam ging er einfach so ohne zu bezahlen aus dem Restaurant. Er wollte das Restaurant Prellen. Und ich stand da wie ein Ochse am Berg. Ich holte ihn wieder rein, wir bezahlten und gingen zum Treffpunkt. Die hätten uns hundert pro erwischt, wenn wir das Restaurant geprellt hätten. Nico der keine zwei Schritte rennen kann, hätten sie sofort gefangen. Auf der Rückfahrt nach Deutschland, haben wir nach fünf Stunden eine Pause gemacht. Nico guckte in seinen Geldbeutel und fragte wo sein ganzes Geld geblieben ist. Ich sagte ihm dass er vor fünf Stunden sein letztes Geld für ein Hundert Euro Hummer ausgegeben hat. Er hatte einen totalen Hangover und wusste gar nichts mehr über die Aktion. An dem Tag hab ich auch so 350 € ausgegeben an einem Tag. Aber da verdiente ich noch gutes Geld in der Ausbildung.

Das waren für mich richtige Abenteuerliche Aktionen.

Im Internet habe ich einmal einen Test über meine Schrift gemacht. Meine Schrift sagte aus das ich eine natürliche Ausstrahlung habe, seelisch ausgeglichen und Anpassungsfähig bin. Mit meinen Kräften gehe ich Ökonomisch um. Habe eine Kombinationsgabe, meine Denkweise ist Praktisch und folgerichtig. Was ich angefangen habe führe ich zu Ende. Im verhalten bin ich konservativ. Ich kann mich gut anpassen und fühl mich wohl in Gemeinschaften mit gutem Sozialen Umfeld. Ich habe Freude mit allen was ich mit meinen Sinnen erfassen kann, an der Natur, Kunst, Essen in geselliger Runde. Bei Entscheidungen verlass ich mich auf mein Bauchgefühl. Mit den unerschütterlichen Willen zu Pflicht, Disziplin und Ordnung arbeite ich zuverlässig mit einem guten Durchhaltevermögen. Ich bin bereit mich Regeln zu unterwerfen und mich nach Gesellschaftlichen Normen und

Geboten zu richten. Ich bin aufgeschlossen, offen, kontaktfreudig und setz mich für andere ein. Es besteht eine Gefahr dass ich mich ausnutzen lasse. Ich bin gewissenhaft und arbeite konzentriert, zuverlässig und sorgfältig. Engagiert und interessiert wende ich mich neuen Aufgaben zu. Ich bin weltoffen, kontaktfreudig und aufnahmebereit. Mit 23 Jahren im Jahre 2010 habe ich dann eine Reha in Kempten RPK (Rehabilitation Psychisch Kranker) angefangen. Ich war acht Monate in Kempten und es war bis jetzt, einer meiner schönsten Zeiten meines Lebens. Am ersten Tag habe ich Wowa kennengelernt, mit dem ich heute noch Kontakt habe und einer meiner besten Freunde ist. Er hat trotz psychischer Probleme sein Leben in Griff bekommen, hat sein Industriekaufmann Lehre gemacht, hat ein Führerschein, Auto und eine Freundin und eine Mietwohnung. Er ist ein Positives Beispiel dafür, dass man trotz Erkrankung sein Leben in Griff bekommen kann. Und da kenn ich noch ein paar Leute. Aber die meisten vegetieren vor sich hin.

Ich war zwei Tage in Kempten, ging in ein Internet Cafe und Boom schon hat sich die Servicekraft auf den ersten Blick in mich verliebt. Also Sabina hatte sich in mich verliebt und ich hatte seit langem mal wieder eine feste Beziehung und das zu einer sieben Jahre ältere Frau. Wir hatten in den 5 Jahren jede Menge Spaß. Wir waren Kino, Restaurant, etliche Male in der Sauna und oftmals fünf Tage die Woche Sex. Das war wiederum ein 5 Jähriges Beziehungsabenteuer. Mir ging es echt richtig gut. Es tat gut in einer Großstadt zu wohnen, wo kulturell viel geboten war und ich auch liebe und Sympathie für die Stadt empfunden habe.

Ich habe eine medizinische Reha gemacht und erst im Hauswirtschaftlichen Bereich und dann im Bürobereich gearbeitet. Die Tätigkeiten im Büro machten mir Spaß und ich konnte meine Aufmerksamkeit und Konzentration schulen und fokussieren. Und meine Sprunghaftigkeit unter Kontrolle bringen. Denn ich war ja doch ein sehr zerstreuter Mensch. Ich habe mich in der RPK selbstständig gefühlt und habe viele neue Leute kennengelernt. Ich habe in Selbstständigkeit, Arbeits- und Beziehungstechnisch viele Erfahrungen gesammelt. In der Zeit bin ich wie eine Rose im Frühling aufgeblüht.

Im Jahre 2010 beendete ich die Reha. Dann verbrachte ich eine Zeit lang zuhause und wartete bis ich meine berufliche Reha starten konnte. Im Jahre 2011 hab ich im BFW Berufsförderungswerk München in Kirchseeon meine Reha angefangen. Ich habe mal mit Sabina über Selbstmord gesprochen. Ich war der Ansicht dass es ein Moment der Schwäche ist. Sie sagte das es stärke beweist.

Ich war zwei Monate da und hab in meiner Psychose ein Selbstmord

Experiment unternommen. Ich habe 55 Tabletten Abilify geschluckt, das macht insgesamt 825 mg, normal nehme ich eine Tablette15 mg am Tag. Also eine durchaus tödliche Dosis. Ich habe mich erst lebendig gefühlt und tanzte zu Rap Musik, dann wurde mein Körper schwer, ich habe Sirup und Brot gegessen bevor ich eingeschlafen bin, denn ich wollte nicht sterben und wollte weiter leben. Wollt nur wissen wie es sich anfühlt Selbstmord zu machen. Am nächsten Tag hat mein Wecker geklingelt. Ich war voll down, wie als ob ich unmengen an dope geraucht hätte. Ich wachte auf duschte mich kalt und ging in den Unterricht. Ich habe es den Lehrern und Mitschülern gesagt und dementsprechend bekam ich Aufmerksamkeit. Ich wurde mit Samthandschuhen behandelt. Das war auch meine Idee, um den Kurs zu bestehen. Ich habe diese Aktion unbeschadet überlebt. Es ist ein Wunder das ich überlebt habe (fesselnde Wirkung die begeistert). Entweder hat mich das Essen gerettet oder ich war schon so abgehärtet durch die Drogen von meiner Jugendzeit, dass das mein Körper gar nichts mehr ausgemacht hat. Das war der tiefste Punkt in meinem Leben, noch tiefer hätte es tot bedeutet.

Ab 2012 habe ich mit dem Hauptkurs begonnen. Den Vorkurs bestand ich mit der Note Drei. Ich war schon immer ein Befriedigender Note drei Schüler. Ich habe ungefähr in meiner ganzen Schul- und Ausbildungszeit (bis zur 11. Klasse) ca. 30-mal auf Tests und Prüfungen gelernt. Ich war schon immer so der Typ, der lieber sein eigenes Wissen aufschreibt. Seine eigenen Erkenntnisse Sammelt und es festhält, anstatt das Wissen von Büchern sich an zu eignen wiederzukäuen und es in Test wieder zu geben (Wissenswiderkäuer).

So habe ich bis 2015 mit Schule, Übungsfirma und Praktikum verbracht. Die Lehre hab ich unabgeschlossen beendet. Ich habe Zertifikate, Qualifikationen und Kenntnisse erworben, Plus ein sehr gutes Praktikumszeugnis und eine Notenbestätigung. In den letzten 10 Jahren, in denen ich so 7 Psychosen hatte, hab ich ein Meisterplan entwickelt, wie ich die Psychosen überwinden kann.

Das Erste und wichtigste dabei ist gewahr zu werden das man im verrückten Zustand ist, mir persönlich haben meine Notizbücher (Gedanken, Idee Buch) und Tagebücher, Tagelyrikbücher dabei geholfen zu erkennen das ich psychotisch bin. Zweitens selbstständig Schritte einleiten in dem man zur Normalität wieder ankommt. Ein Therapie und Skillz Plan erstellen. Meine persönlichen Fähigkeiten sind Medikament einnehmen, Spazieren (Frische Luft schnappen), Schwimmen, Joggen, Autogenes Training, Affirmations Training (Positives Denken Trainieren), Visualisieren (Fantasie Übungen) , Buch lesen, Tätigkeiten ausüben um mich nützlich zu fühlen, z. B Haushalt, Putzen, Kochen, aufräumen. Ich habe in all den Jahren gelernt mich selbst zu therapieren, betreuen und die seelisch-psychischen Krisen und mich selbst zu bewältigen. Psychisch Kranke werden als Psychiatrie Erfahrene bezeichnet, ich selbst bezeichne mich als Ankommender, denn jedes Mal wenn ich psychotisch war bin ich in die Normalität angekommen. Ich sehe es als Lebensschicksal an das ich ein verrückt Leben führe. Mit der Diagnose Paranoide Schizophrenie die ich bekommen habe, habe ich das Beste daraus gemacht. Ich bekomm durch mein Schwerbehindertenausweis monatlich Kindergeld, habe eine Betreuung bekommen, Leistungen vom Amt, habe Ambulant Betreutes Wohnen beantragt. Um in Allgäuer Werkstätten zu arbeiten habe ich einen Antrag gestellt. Damit ich ein strukturierten Tagesablauf haben kann. Diese Hilfen habe ich für mich beansprucht und eingeholt. Zusätzlich helfen mir finanziell meine Eltern.

Ich finde es gut dass es in Deutschland für die jeweiligen Lebenssituationen, die entsprechenden Hilfen angeboten werden. Ich bin meinen Eltern und Deutschland ein Leben lang dankbar dafür, dass sie mir ein relativ behutsames Leben ermöglichen.

Das Verrücktleben ist durchaus ein Lebenswerts Leben.
Was das Thema Religion betrifft, habe ich von meinen Eltern auch Religiöse Traditon und Kultur vermittelt bekommen, vor allem im Verhalten gegenüber Älteren und Jüngeren Personen. Zu den älteren und zu den jüngeren respektvoll und Achtung zeigend.
Familie Hierarchie und Rollenverteilung.

Ich hatte mal eine Phase als ich in der Moschee gebetet habe. Mich faszinierte dabei die friedliche Gemeinschaft und Zusammenhalt der

Betenden. Heute praktiziere ich mein Glauben Privat aus, das heißt ich bete so oft ich will und wann ich will. Gott ist für mich das Erschafferbewusstsein und der Effekt an das Glauben an Gott, ist der, das bei Zerstörtheit der Glaube an das Erschafferbewusstsein wieder einen aufbaut. Mich persönlich begeistert an Religion, die Funktion und Wirkungsweise an was positives zu glauben und es gibt Zahlreiche Beispiele dafür dass der Glaube schon vielen Menschen aus schwierigen Situationen herausgeholfen hat. Meine Eltern sind Alevitisch, sie glauben an den Weg der menschlichen Vervollkommnung (das heißt an seine Fehler Arbeiten) und an die Wiedervereinigung mit dem muslimischen Gott Allah, nach dem Tod, am Tag des jüngsten Gerichts. Alles was von Allah kommt, kehrt auch wieder zurück zu Allah.

Ich gehe den Weg der Kampf- und Kriegsbegeisterung, Vernunft und Menschlichkeit. Meine Identität ist Deutscher Muslim Bektasi Alevite und

ich gehöre zur Kampf-bzw. Kriegsbegeisterungsrasse an. Mein menschlicher Vervollkommnugsweg ist Verantwortung. Das möchte ich lernen, in dem ich Verantwortung für ein Lebewesen übernehme, und zwar für einen Hund. Das mit den Fehlern habe ich übernommen. Für mich ist es nach dem Tod aus und zu Ende, mit dem Körperlichen leben. Was bleibt ist das Erbe das man hinterlässt und die Erinnerungen. Das ist meine Religiöse Überzeugung, die ich sehr befreiend und erlösend finde. Da man keine Lebensqualen mehr erleiden muss. Mit dem geistigen Leben geht es im Jenseits weiter. Es gibt durchaus ein Jenseits und ein Leben im jenseitigen Paradies. Da der jeweilige jenseitige Ort von der jeweiligen Religion erschaffen wurde (wie z.B. Moksha, Nirvana, Paradies, Himmelreich, Garten Eden…). Diese Orte sind dafür geschaffen damit der Geist bzw. die Seele in Frieden ruhen kann.
Die Frage ist wofür man sich entscheidet, entweder Hölle oder Paradies. Und ob man sich bis zum

jeweiligen Ort durchkämpft. Ein jenseitiger Ort ist aufjedenfall eine hoch intelligente Idee, weil man das Leben hier auf Erden damit sehr gut kompensieren kann. Es hilft den Tod zu erleichtern und macht das Leben auf Erden erträglicher. Weil das Leben auf Erden manchmal doch sehr unerträglich sein kann.

In meiner Kernfamilie war das Schwerpunkt Thema Arbeit, Menschlichkeit danach der Glaube.

Wir schreiben das Jahr 2015, ich bin seit einem Monat arbeitslos und hocke hier in mein Zimmer und schreib meine Autobiographie um mein Leben zu verarbeiten und zu durchleuchten. Summa Summarum mein Fazit, ich gebe mir selbst Raum und Zeit um eine stabile gesunde Verbindung zu mir selbst zu knüpfen und herzustellen.
Mein Individuellen Wert erkennen und mich lernen zu lieben mit all mein Pros und Kontras. Dann erst kann ich Verbindungen zu anderen herstellen

und harmonische Interaktionen führen. Denn wenn ich mich selbst liebe werde ich einen guten Charakter entwickeln können. Ich will Zugang zu mir selbst haben, mich so akzeptieren wie ich bin und mich aufblühen lassen mit dem innersten was ich anzubieten habe. Ich möchte meine Sozialen Fertigkeiten optimieren und an Sozialen Ereignissen teilnehmen.

Ich bin dankbar dafür, dass ich Schreibmaterial habe, das ich Schreiben, Lesen und meine Gedanken auf Blatt Papier bringen kann. Das Schreiben hilft mir Ordnung in meine Gedanken zu bringen. Mein Schreibstil hat sich geändert und auch der Inhalt, ich habe mich weiterentwickelt. Am liebsten leiste ich Schreibarbeit, Sachen aufschreiben was von mir kommt Das ist für mich wahre Magie. Ich muss sagen, immer wenn ich am Boden zerstört war, hat mir das Leben immer eine Situation beschert, wo ich aufatmen und mein Weg besonnen weiter gehen konnte.

Im Grunde genommen bin ich zufrieden mit meinem Leben. Ich habe täglich Essen, Trinken ein Dach über den Kopf, ein Zimmer, Bett und Unterhaltung (TV, Internet, Bücher, Handy, DVD). Ich ebne mir mein Weg selber und gehe mein Individuellen Weg. Eins ist klar ich strebe nach Unabhängigkeit und Autonomität, damit ich mein Leben so aufbauen kann wie ich es für richtig halte.

Besten Dank

Coskun Behzat Baykal

Herstellung und Verlag: BoD – Books on Demand, Norderstedt
ISBN: 9783755776918